Building Reading Skills for
Chinese Language Acquisition in IB MYP

IB MYP中文语言习得阅读训练

LOVE AND FAMILY
人与家庭

冯薇薇 叶颖颖 封文慧 编著

Sinolingua
华语教学出版社

First Edition 2021

ISBN 978-7-5138-2019-6
Copyright 2021 by Sinolingua Co., Ltd
Published by Sinolingua Co., Ltd
24 Baiwanzhuang Street, Beijing 100037, China
Tel: (86) 10-68320585 68997826
Fax: (86) 10-68997826 68326333
http://www.sinolingua.com.cn
E-mail: hyjx@sinolingua.com.cn
Facebook: www.facebook.com/sinolingua
Printed by Beijing Xicheng Printing Co., Ltd

Printed in the People's Republic of China

前 言

一、关于 MYP 中文语言习得课程及其评估标准

IB 课程分为 PYP（小学项目）、MYP（中学项目）、DP（大学预科项目）和 CC（职业教育项目）。无论哪个阶段的课程，其教学理念都是鼓励学生自己去探究和发现身边的一切事物，让学生将所学知识与现实世界联系起来。其中，MYP 课程（国际文凭中学项目）是为十一至十六岁学生提供的富于学术挑战性的课程。课程以探究和概念为重点设计，培养学生批评和独立思考的能力。MYP 课程并没有统一固定的教材，不同地区不同的 IB 学校会根据不同的情况而选用不同的教材。如何选教材、如何设计课程、如何指导学生有效地探究和学习，对老师们来说都极具挑战性。

MYP 中文语言习得课程采用的是标准性评估，按照每个学科组预先确定的标准来衡量世界各地的学生。MYP 项目的前几年里，老师们可以在这些标准的指导下为学生的具体评估提出具体要求，使其更适合学生的年龄和学习目的。老师

们负责为学生内部评估作业。外部评估（IB考官的评审或督导）也要根据内部评估情况来执行，以确保评估标准的全球统一性。需要为学生申请IB证书的学校必须每年接受IB组织的评审。

MYP中文语言习得评核按照语言学习的技能分为A、B、C、D四个标准：

评核标准A——理解口头和视觉材料（听）；

评核标准B——理解书面和视觉材料（读）；

评核标准C——通过回应口头/书面/视觉材料进行交流（说）；

评核标准D——以书面的形式运用语言（写）。

其中，理解书面和视觉材料（阅读理解）的具体内容是：针对单元主题和探究问题而进行的阅读理解和思考，老师需要提供既有文字又有图像的内容，并从三个不同方面进行提问：第一部分，辨认信息、想法及细节；第二部分，诠释基本的惯用手法，包括文章的形式和风格；第三部分，识别思想观点、看法和态度，并针对材料做出个人回应。

二、通过有针对性的阅读与训练，达到 MYP 中文语言习得课程的学习目标

为了帮助 MYP 中文课程的学生提高阅读水平，并在大纲设定的框架内进行有针对性的理解和思考，我们特意编写了本系列图书。

本系列图书共分为《十二生肖》《四季气象》《自然万物》《人与家庭》《身体奥秘》《探究互动》六个分册。每个分册包含十个左右生动有趣的故事，每个故事围绕一个常用汉字展开。

这些故事或阐释汉字的意义，或体现其文化特征，或展现语言运用情境。通过阅读这些故事，学生可以掌握相关的语言知识和文化知识，培养发现、获取信息及构建跨学科知识体系的能力，提高理解不同文化的思辨水平。

每篇故事后面，我们都根据"MYP 中文课程大纲评估标准"编写了系统的练习，同时还配有"文化小贴士"和"跨学科百宝箱"版块。通过阅读理解和完成练习，学生可以稳步提高自己理解信息、思考问题的能力，掌握语言表达的技巧，同时扩展知识领域、拓宽文化视野。每册书的最后都附有"汉字游戏"，供学习者通过游戏巩

固所学的汉字。

这种系统的、有针对性的阅读与训练,可以使课堂教学更加丰富有趣,并逐步实现IB的教学理念,为学生顺利进入下一阶段的学习打下坚实的基础。同时,学生还可以通过阅读本书来了解丰富的汉字知识和文化,为日后的阅读和写作打好基础。

目录

MYP 教学单元计划 …………………………………… 1
第一课　人 ………………………………………………… 2
第二课　我 ………………………………………………… 9
第三课　爸 ……………………………………………… 15
第四课　妈 ……………………………………………… 21
第五课　子 ……………………………………………… 27
第六课　兄 ……………………………………………… 34
第七课　妹 ……………………………………………… 41
第八课　爷 ……………………………………………… 47
第九课　奶 ……………………………………………… 53
第十课　家 ……………………………………………… 59
参考答案 ………………………………………………… 66
附：汉字游戏 …………………………………………… 70

MYP 教学单元计划

单元主题

人与家庭（人、我、爸、妈、子、兄、妹、爷、奶、家）

主题说明：

互相关心、互相爱护是维系家人之间关系的关键

核心概念：	相关概念：	全球背景：
文化	结构、情境	个人表达与文化表达

探究说明：

我们所属的家庭会确定我们的身份认同、信念和价值观等各重要方面

探究问题

事实性： 家庭成员都包括了哪些人？

概念性： 健康的家庭文化是什么样的？

辩论性： "相互信任"在建立和协调家人关系中是否占有最重要的地位？

第一课　人

阅读文本

秋叶国的王子有一座美丽的花园，花园里种着世界上独一无二的七色玫瑰。七色玫瑰的花瓣由红、橙、黄、绿、青、蓝、紫七种颜色组成，常年花开不败。王子很爱护七色玫瑰，亲自给她浇水施肥，遮风挡雨，还要每天跟她说上很久的心事。

七色玫瑰爱上了王子，她想变成人，与王子在一起。七色玫瑰请求花神帮助，花神要她放弃彩色的花瓣才能变成人，

七色玫瑰毫不犹豫地答应了。这天以后,七色玫瑰在花园里消失了,取而代之的是花园里的一位美丽的园丁少女。少女陪伴着王子,帮助他照顾花园。

王子失去了七色玫瑰,每天都十分伤心。他期盼着枯萎的七色玫瑰重新焕发生机,就更加细心地照顾她,但所有方法都失败了。当王子意识到再也看不到七色玫瑰开花之后,流下了眼泪。

七色玫瑰发现王子爱的是原本的自己,而不是现在的这个少女。她十分后悔,请求花神再次帮助自己变回七色玫瑰。这一次,花神让少女放弃永久开放的权力,少女又一次毫不犹豫地答应了。于是,好心的花神再次帮她实现了愿望。

终于,王子发现,在原来七色玫瑰的枯枝上重新开出了花朵,但新开的玫瑰不再是七彩的,而且开久了就会枯萎。但是王子不在乎,他仍然像以前一样照顾和陪伴着她。

如果你经过秋叶国,记得要去参观王子的花园。虽然那里没有美丽的少女,但却生长着拥有永恒爱情的玫瑰花。

练习题

第一部分：辨认信息、想法及细节，并做总结

一、根据短文第一段回答问题。

1. 请你简单描述一下"七色玫瑰"的两个特征(任意两个)。

2. 王子每天在花园里做什么？请写出两个例子。

二、根据短文第二段判断下面叙述的对错，并以短文内容说明理由。

	对	错
1. 七色玫瑰变成了一位美丽的少女。	☐	☐
理由：_____		
2. 七色玫瑰不见了以后，花园就由王子和少女两个人共同照顾。	☐	☐
理由：_____		

三、根据短文第三段和第四段选出最适合左边句子的结尾，把答案写在方框里。

1. 王子失去了七色玫瑰，　☐　A. 十分后悔。
　　　　　　　　　　　　　　B. 帮她实现愿望。
2. 王子细心地照顾七色玫瑰，　☐　C. 感到十分伤心。
　　　　　　　　　　　　　　D. 而是七色玫瑰。
　　　　　　　　　　　☐　E. 于是请求花神的帮助。
3. 王子爱的不是美丽的少女，　　F. 但却没能让玫瑰重新开放。

四、根据短文第五段和第六段回答下面的问题。

1. 重新开放的玫瑰与原本的玫瑰有什么区别？请举出两个例子。

2. 王子还是和以前一样喜欢玫瑰吗？你怎么知道的？

3. 找出一个适当的词语来说明玫瑰花代表了什么？

第二部分：诠释基本的惯用手法

根据短文回答下面的问题。

1. 这是一个 _____。

   A. 电影故事　　　　　B. 真实故事

   C. 私人日记　　　　　D. 童话故事

2. 这篇短文的写作目的不包括哪一个？

   A. 赞美善良　　　　　B. 美的真正含义

   C. 赞美爱情　　　　　D. 勤劳才能有收获

3. 你从第二幅插图里获得了哪些信息？

第三部分：识别思想观点、看法和态度，并针对材料做出个人回应

通过阅读短文并结合你自身的经历回答下面的问题。

1. 你有好朋友吗？两个人要成为好朋友需要什么条件？

2. 比较"外貌美"和"内心美"，你觉得哪一个更重要？为什么？

文化小贴士

最早的"人"字是根据人的形象创造的,看上去像是一个侧面站立的人。它也是汉字的部首之一,凡是以此为部首的汉字,含义多与人有关。

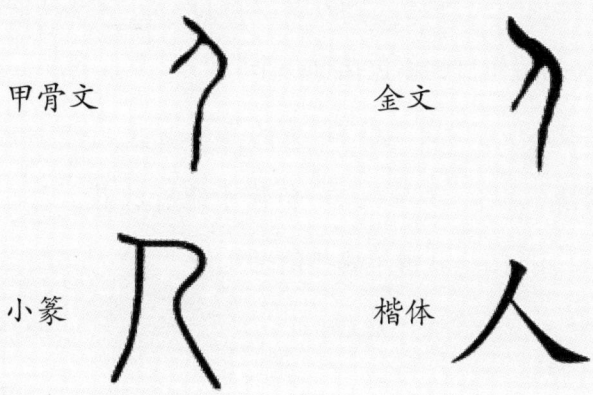

甲骨文　　　　金文

小篆　　　　　楷体

跨学科百宝箱

关于"人"的小知识

❀人类大约于200万年前起源于东非。科学家普遍认为现有的人类是由南方古猿进化而来的。

❀人类一共可以分为四个人种,分别是白种人、黄种人、黑种人和棕种人。

❀与其他动物相比,人类最大的不同点就是具有高度发达的大脑和复杂的抽象思维能力。

第二课　我

阅读文本

和气之神是天上专门负责调解人间纠纷的神仙。他是一个很和气的老爷爷,每天都笑呵呵的,从来没见过他跟别人生气。他的胡须有七尺长,一直拖到地上。他走路的时候经常会被胡须绊倒,因此他走路总是走得很慢。

和气之神看到很多人常常以"我"为中心,要求别人跟从"我"的想法,结果就出现了很多争吵。为了让人们彼此和睦,和气之神发明了一种咒语,这种咒语可以说是百试百灵:凡是中了这种咒语的人说出口的话在别人耳朵里都会

变成"我爱你"三个字。比如前天,为了抢着买市集上最后一棵白菜,王大妈和李大娘吵了起来。王大妈骂李大娘"泼妇",李大娘骂王大妈"老妖婆"。但和气之神一施法术,两个人说出口的话就都变成了"我爱你"。还没等十分钟,她们就决定平分白菜,和和气气地各自回家了。

再比如昨天,为了中午做饭用五两肉还是一斤肉,张屠户和她的妻子梅娘吵了起来。和气之神赶到的时候,他们两个人已经动手打起架来了。张屠户说梅娘是"母老虎",梅娘骂张屠户是"矮胖墩"。和气之神赶紧念出咒语,这对夫妻愣了一下,迅速地拥抱在一起,和好啦!

练习题

第一部分：辨认信息、想法及细节，并做总结

一、根据短文第二段判断下面叙述的对错，并以短文内容说明理由。

	对	错
1. 太过"自我"的人容易跟别人出现争吵。	☐	☐
理由：_____		
2. 和气之神念咒语的目的是减少人们之间的纠纷。	☐	☐
理由：_____		
3. 和气之神的咒语就是"我爱你"。	☐	☐
理由：_____		

二、根据短文第二段和第三段选出最接近左边句子的结尾，把答案写在方框里。

1. 王大妈和李大娘吵架是为了 ☐　　A. 最后和好如初了。

2. 张屠户和梅娘吵架是为了 ☐　　B. 最后和和气气地各自回家了。

3. 张屠户和梅娘 ☐　　C. 施了法术。

4. 王大妈和李大娘 ☐　　D. 中午做饭用五两肉还是一斤肉。

E. 抢着买市集上的最后一棵白菜。

三、根据短文选出最接近左边词语的解释，把答案写在方框里。

1. 负责 ☐　　A. 责任

　　　　　　B. 承担责任

2. 和睦 ☐　　C. 不和顺

　　　　　　D. 融洽友爱

3. 百试百灵 ☐　　E. 百灵鸟

　　　　　　F. 百分之百成功

第二部分：诠释基本的惯用手法

根据短文回答下面的问题。

1. 这是一个 _____。 ☐

A. 真实故事　　B. 博客文章

C. 报刊文章　　D. 以上都不对

2. 这篇短文的中心思想是什么？

3. 请简要描述一下文中插图的内容。

第三部分：识别思想观点、看法和态度，并针对材料做出个人回应

通过阅读短文并结合你自身的经历回答下面的问题。

1. 你和同学有过纠纷吗？有过什么样的纠纷？你们是怎么解决的？

2. 比较"过去的我"和"现在的我"，有哪些改变？为什么会有这些改变？

文化小贴士

"我"字是一个象形字,字形和读音在发展过程中都有过很多变化。甲骨文中的"我"字像一把有许多锯齿的斧子,本义是中国古代一种威力很强的武器。

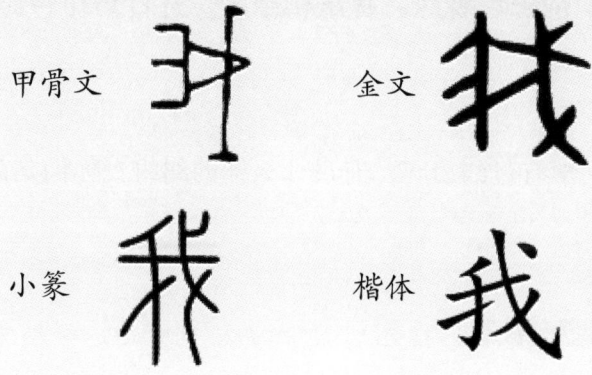

甲骨文　　　　　金文

小篆　　　　　楷体

跨学科百宝箱

关于"我"的小知识

在中国古代,因为场合和人物身份的不同,一个人要想自称自己,除了"我"之外,还有很多种其他的表达方式。下面列举出一些:

❀表示谦虚:敝人、鄙老、愚。

❀方言:俺、偶、咱。

❀皇帝的自称:孤、寡人、朕。

第三课　爸

阅读文本

贝壳村是最靠近东海的村庄，村里的居民都靠捕鱼为生。男人们每天清晨就乘船出海，到了傍晚才带着一天的收获回家。虽然辛苦，但是大家都生活得非常快乐。

贝壳村有个扎着两个羊角辫的小姑娘，名叫海螺。海螺从小就没有妈妈，跟爸爸相依为命。她很爱爸爸，每天早上送爸爸出门后都要在港口的礁石上蹲坐一整天，等到爸爸的渔船返回才肯回家。

有一天，原本风和日丽的海上突然刮起了大风，巨浪把所有的船都掀翻了。贝壳村当天出海的人都没能回来，包括海螺的爸爸。村民们都悲伤地准备丧事，只有海螺不肯。她不相信爸爸死在了海里，坚持每天都去港口等爸爸回家。不论刮风下雨，海螺都要坐在高高的礁石上，仔细看着每一艘入港的渔船。

　　经年累月，海螺变成了礁石的一部分。她不再长大，永远是扎着两个羊角辫的小女孩儿。每天傍晚，海风穿过礁石，发出阵阵呼啸，好像是海螺在面对着大海呼唤爸爸。从此以后，渔民的女儿们常常来到礁石上向海螺祈祷，保佑她们的爸爸能够平安归来。

练习题

第一部分：辨认信息、想法及细节，并做总结

一、根据短文第一段回答下面的问题。

1. 贝壳村在哪里？

2. 贝壳村的居民以什么为生？

3. 出海的男人晚上回家时会带回来什么？

4. 村里人的生活怎么样？

二、根据短文第二段判断下面叙述的对错，并以短文内容说明理由。

	对	错

1. 海螺从小就跟爸爸和妈妈一起生活。　□　□

理由：_____

2. 海螺的爸爸每天一早就要出海。　□　□

理由：_____

3. 海螺每天都在礁石上等爸爸回来。　□　□

理由：_____

二、根据短文的第三段找出适合的词语填空。

1. 今天的天气_____，我们一家去了公园玩耍。

2. 王达昨天非常气愤，把桌子都给_____了。

3. 这个电影的主人公生活非常艰难，是一个_____的故事。

4. _____是刮风还是下雨，我们都会坚持跑步训练。

5. 她做事一向非常_____，交作业前总是要检查至少三次。

三、根据短文最后一段选出最适合左边句子的结尾，把答案写在方框里。

1. 海螺不再长大，　　□　　A. 面对大海呼唤爸爸。

　　　　　　　　　　　　　B. 来到海礁上祈祷。

2. 好像是海螺姑娘每天 ☐   C. 海礁的一部分。

　　　　　　　　　　　　　D. 永远呼唤爸爸。

3. 海螺已经变成了　　☐   E. 一直是那个爱爸爸的小女孩。

　　　　　　　　　　　　　F. 发出阵阵呼啸。

第二部分：诠释基本的惯用手法

根据短文回答下面的问题。

1. 这篇短文的写作目的是什么？

2. 请描述一下文中插图的内容。

第三部分：识别思想观点、看法和态度，并针对材料做出个人回应

通过阅读短文并结合你自身的经历回答下面的问题。

1. 你怎么理解"父爱如山"这句话？请举例说明。

2. 比较爸爸和妈妈，他们对你在学习和生活方面的帮助有什么不同？为什么？

文化小贴士

"爸"字由上下两部分组成。上面的"父"是父亲的意思，下面的"巴"则表示该字的读音。在现代汉语中，相比"父"字来说，"爸"字更常用于口语中。几乎所有孩子对父亲的称呼都是"爸爸"。

跨学科百宝箱

关于"爸"的小知识

❀ "爸"这个词在中国起源很早，在三国时期的古书上已有记载。

❀ 约70%的人类语言中都有"爸爸"这个词，并且意义相似。

❀ 在汉语口语中，爸爸的称呼很多，包括爸、爸爸、老爸、阿爸、爹、老爹、阿爹、爹哋、老子、老窦、老头、老汉等。

第四课　妈

阅读文本

男孩儿龙龙有一个万能的妈妈。

为什么说妈妈是万能的呢？因为妈妈不仅知道过去的一切事情，还能猜出现在正在发生的事情，甚至能够预测未来发生的事情。比方说，妈妈知道上一周龙龙丢掉的袜子到底藏在家里的哪个角落，也知道龙龙现在最喜欢跟班上的哪个小伙伴一起玩儿，还知道明天白天一定会下雨。那一天，龙龙穿着好不容易找到的袜子，拉着小伙伴的手，打着伞在雨中走回家，心里对妈妈别提多佩服了。

龙龙觉得妈妈比课本和老师还神奇，只要跟着妈妈学，就能变成一个万能的人。他把自己的想法告诉妈妈，逗得妈妈哈哈大笑。

妈妈告诉龙龙，自己知道的事情都来源于观察和思考，自己并不是万能的。龙龙经常把东西掉在沙发缝里，所以家里其他地方都找不到的袜子，很可能也在这里。龙龙在家里谈论最多的人，肯定就是他最喜欢的朋友啦。至于知道第二天的天气嘛，因为妈妈每天都会看天气预报啊。

龙龙恍然大悟。从此以后，龙龙向妈妈学习，开始认真地观察和思考，在学校里变成了一个"百事通"。他也比以前更爱自己的"万能"妈妈了。

练习题

第一部分：辨认信息、想法及细节，并做总结

一、根据短文前三段回答问题。

1. 为什么说龙龙的妈妈是"万能"妈妈？请举出三个例子。

2. 龙龙对妈妈有什么看法和评价？

二、根据短文第四段判断下面叙述的对错，并以短文内容说明理由。

	对	错
1. 仔细观察和勤于思考就会变得"万能"。	☐	☐

理由：_____

| 2. 龙龙找不到的东西一般都会在沙发缝里找到。 | ☐ | ☐ |

理由：_____

3. 妈妈会看天气，所以知道第二天的天气。　□　□

理由：_____

三、根据短文选出最适合左边词语的解释，把答案写在方框里。

1. 预测　　　□　　　A. 来自

2. 角落　　　□　　　B. 源泉

　　　　　　　　　　C. 什么都知道

3. 来源于　　□　　　D. 觉悟

　　　　　　　　　　E. 预先推测或测定

4. 百事通　　□　　　F. 突然明白了

　　　　　　　　　　G. 墙角

5. 恍然大悟　□　　　H. 突然

第二部分：诠释基本的惯用手法

根据短文回答下面的问题。

1. 作者写这篇文章的目的是什么？

2. 请描述一下文中插图的内容。

第三部分：识别思想观点、看法和态度，并针对材料做出个人回应
Part Three: Identify ideas, opinions and attitudes, and make personal responses to the texts.

通过阅读短文并结合你自身的经历回答下面的问题。

1. 你会把自己的东西摆放整齐吗？简单描述一下你的房间。

2. 有人说："妈妈是你人生的第一个老师。"比较妈妈和老师，你觉得这句话有道理吗？为什么？

文化小贴士

"妈"这个字由左右两部分组成，左边的"女"指女性，右边的"马"表示该字的读音。在现代汉语中，与"母"相比，"妈"更常用于口语，几乎所有孩子对母亲的称呼都是"妈妈"。

> 跨学科百宝箱

关于"妈"的小知识

❀除了指母亲,"妈"字在一些词汇中也可表示不同的意思,比如,作为对女性长辈的称呼(姑妈、大妈);或者旧时与姓氏连用,表示对中老年女性仆人的称呼(张妈)。

❀在人类的各种语言中,mā这个发音所代表的词汇几乎都指母亲。这是因为这个发音很简单,是婴儿最早学会的音节,因此也就被用来指最亲密的母亲。

❀在汉语口语中,妈妈的称呼很多,如老妈、娘、母亲、妈咪、阿妈、娘、阿娘、娘亲、阿母、老母等。

第五课　子

乌衣婆婆住在大森林旁边的小木屋里。从小动物们有记忆开始，乌衣婆婆就守护着大森林。别看她的头发已经花白了，但精神却好得很。对于那些想要偷偷进入大森林中捕猎的坏人，乌衣婆婆非常严厉，举着拐棍把他们都赶了出去。

可是乌衣婆婆毕竟很老了，今年开春以来，她再也不能下床了。乌衣婆婆抚摸着一根五彩的羽毛，说自己可能快要死了，在死之前，特别想再见自己的儿子五彩鸟一面。

小动物们这才知道,乌衣婆婆还有个儿子。五彩鸟生来就喜欢到各地游历,他离开乌衣婆婆已经有好多年了,还不知道乌衣婆婆病重的消息。小动物们于是分头出发,到各个地方去寻找五彩鸟。

　　雄鹰检查了每一处峭壁,骏马跑过了无数草原,鱼儿游遍了河流大川,小老鼠联络了各地的兄弟,但是他们都没有发现五彩鸟。小动物们聚集在乌衣婆婆的床前,哭得很伤心。

　　意想不到的是,当他们的眼泪落在那根五彩的羽毛上时,奇迹发生了。五彩鸟出现在天空中,落在乌衣婆婆的病床前。乌衣婆婆看见儿子,欣慰地闭上了眼睛。

　　后来,五彩鸟不再四处游历了。他代替死去的乌衣婆婆,永远守护着大森林。

练习题

第一部分：辨认信息、想法及细节，并做总结

一、请用短文第一段里的词语填空。

1. 自从走进 _____ 以来，我就对这个有很多大树的地方有着一种特别的感情。

2. 妈妈日日夜夜 _____ 着我们，无微不至地照顾着我们。

3. 爷爷见到我，_____ 一下子变得好了起来。

4. _____ 动物的行为是非法的。

5. 我的爸爸看上去非常 _____，但实际上却是一个十分温和的家长。

二、根据短文第二段到第四段回答下面的问题。

1. 为什么乌衣婆婆再也起不来了？

2. 乌衣婆婆的愿望是什么？

3. 为什么乌衣婆婆要抚摸五彩的羽毛?

4. 乌衣婆婆的儿子喜欢做什么?

5. 乌衣婆婆和儿子经常见面吗?为什么?

6. 小动物们为什么要去找乌衣婆婆的儿子?

7. 为了帮乌衣婆婆找儿子,动物们都去了什么地方?请写出三个地方。

8. 他们帮乌衣婆婆找到儿子了吗?

9. 乌衣婆婆去世前见到儿子了吗?

10. 乌衣婆婆去世后,儿子的生活还跟以前一样吗?为什么?

第二部分:诠释基本的惯用手法

根据短文回答下面的问题。

1. 作者写这篇文章的目的是什么?

2. 请描述一下文中插图的内容。

第三部分:识别思想观点、看法和态度,并针对材料做出个人回应

通过阅读短文并结合你自身的经历回答下面的问题。

1. 想象一下,如果孩子都去国外读书了,爸爸妈妈会有什么感受?

2. 比较"独生子女"家庭和"多子女"家庭，哪一个对孩子的成长更有利？请举例说明。

文化小贴士

"子"字早在甲骨文中便已出现，当时的字形跟今天的汉字还有所不同。"子"字的甲骨文像是在襁褓中的小孩子，由头、身、臂膀组成，两只脚并在一起。"子"字的本意指婴儿，但随着汉语的不断发展，它也有了很多不同的意思。中国古代书籍分为"经史子集"四部分，其中的"子部"专门指秦朝以前诸子百家的著作及艺术、谱录等书。

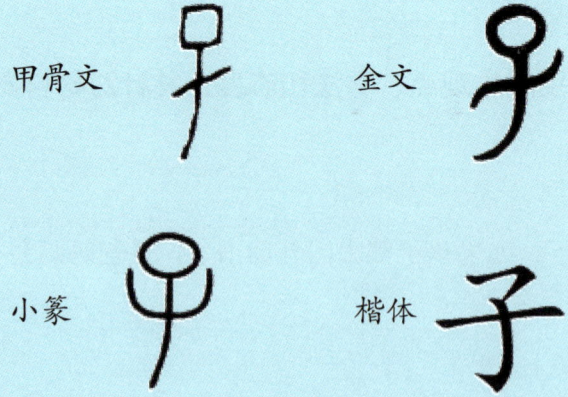

跨学科百宝箱

关于"子"的小知识

"子"这个字除了指父母所生的儿女之外,还有很多不同的意思:

✿ 表示植物的果实或动物的卵。

✿ 与人名或者职业相关名连用,表示尊称或特定的称呼。如中国古代著名的思想家孔丘,常被人尊称为孔子。

✿ 用作形容词,表示幼小的、嫩的或者易咀嚼的。

第六课　兄

阅读文本

太阳国的国王有十个儿子,他们生来强壮有力,十分勇敢。每当有外族人试图侵略太阳国的时候,这十个兄弟就披上盔甲奔赴战场。他们足智多谋又非常团结,彼此密切配合,在战场上所向披靡。久而久之,大家不再单独称呼每个人的名字,而是直接把他们叫作"太阳十兄弟"。

老国王的年纪渐渐大了。他决定在十兄弟中选出最优秀的一个,作为下一位国王。

从老国王宣布这个决定起，十兄弟对待彼此的态度就和以前不同了。他们每个人都觉得自己才是十兄弟中最优秀的那个。如果没有自己，那些抗击侵略者的战争怎么能打赢呢？他们变得经常争吵，相互攻击别的兄弟的短处。大家都说"太阳十兄弟"已经变成"吵架十兄弟"啦！

十兄弟听说了老百姓的议论都开始后悔起来。他们重新聚集在一起，对自己伤害其他兄弟的错误行为感到抱歉。十兄弟一起来到父亲面前，希望父亲停止对兄弟们进行比较。老国王也认识到自己的错误，决定让十兄弟一起继承太阳国。

此后，拥有十个卓越国王的太阳国变成了世界上最强的国家，国王们的英名传遍了整个世界。

练习题

第一部分：辨认信息、想法及细节，并做总结

一、根据短文第一段和第二段回答问题。

1. 哪个词语说明了十兄弟的身体状况？

2. 哪个词语的意思是打仗时穿的衣服？

3. 哪个词语代表不仅非常聪明，而且主意也非常多？

4. 哪个词语的意思是谁也不能阻挡他们前进的步伐？

5. 哪个词语代表"很长时间过去了"？

二、根据短文第二段和第三段判断下面叙述的对错，并以短文内容说明理由。

	对	错

1. 老国王退位前要选一个最优秀的儿子继位。 ☐ ☐

理由：_____

2. 老国王对十兄弟的态度不同。 ☐ ☐

理由：_____

3. 十兄弟中的每一个都觉得自己才是新国王的最佳人选。 ☐ ☐

理由：_____

4. 十兄弟互相看不起，经常吵架。 ☐ ☐

理由：_____

5. 原来的"太阳十兄弟"变成了现在的"吵架十兄弟"。 ☐ ☐

理由：_____

三、根据短文第四段和第五段选出三个正确的答案，并把答案写在方框里。

☐ A. 太阳国的人民都不知道十兄弟闹矛盾的事情。

B. 全世界都记住了十兄弟的名字，逐渐忘记了老国王。

C. 十兄弟一个个地去找爸爸。

☐ D. 十兄弟希望他们的爸爸不要再对他们进行比较了。

E. 十兄弟中只有老大想当国王。

F. 因为有十兄弟的领导，太阳国成了世界上最强大的国家。

☐ G. 十兄弟不知道大家在说他们家的事。

H. 十兄弟对之前的互相揭短和争吵感到后悔。

I. 老国王认为自己也有错。

第二部分：诠释基本的惯用手法

根据短文回答下面的问题。

1. 作者写这篇文章的目的是什么？

2. 请描述一下文中插图的内容。

第三部分：识别思想观点、看法和态度，并针对材料做出个人回应

通过阅读短文并结合你自身的经历回答下面的问题。

1. 你怎么理解"团结就是力量"这句话？

2. 你赞成"按考试成绩排名次"这种做法吗？为什么？

文化小贴士

"兄"是一个象形字，字形看上去像是一个人在对着天空祈祷。"兄"一般指亲戚中年龄比自己大的同辈男性，在中国古代常用"兄长"这个词来作为口头称呼，现代口语中则常使用"哥哥"来代替。当然，不一定非要是同父同母的年长男性才能称为"兄"，父母双方亲戚家中符合条件的同辈者也要称为"兄"。

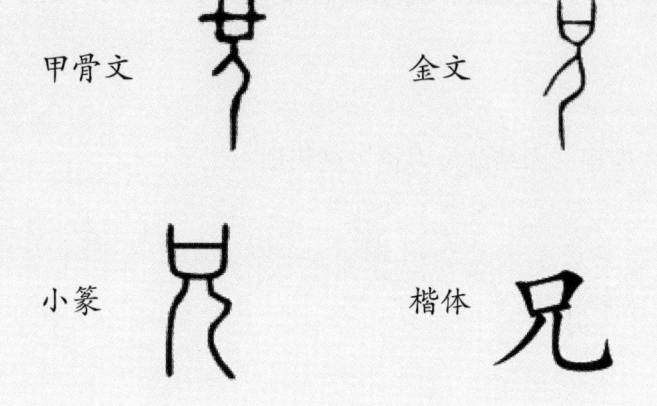

跨学科百宝箱

关于"兄"的小知识

除了同父同母的兄弟,还有以下关系能够称为"兄弟":

❀父亲的哥哥、弟弟生的男孩子是堂兄弟;父亲的姐姐、妹妹生的兄弟是姑表兄弟。

❀母亲的哥哥、弟弟所生的男孩子是舅表兄弟;母亲的姐姐、妹妹所生的男孩子是姨表兄弟。

❀指意气相投或志同道合的人,也可以用于友情深厚的人之间。

第七课　妹

阅读文本

月亮国的王后生了六个儿子，第七个才终于等到了女儿。国王夫妇给这个小女孩儿起名叫彩霞，希望她能像天边的彩霞一样美丽。六个哥哥非常疼爱这个唯一的妹妹，他们让彩霞住在高高的阁楼上，进出总有哥哥们陪着，不许外人与彩霞接触。

美丽温柔的彩霞逐渐长大，到了谈婚论嫁的年纪。彩霞的哥哥们认为谁也配不上妹妹，便要求前来求婚的王子把月亮摘给他们的妹妹才能跟妹妹结婚。大家谁也做不到，渐渐地，再也没有人敢向彩霞求婚了。

彩霞既孤单又伤心，每天都会站在窗前发呆。阁楼脚下是王宫的花园，年轻的园丁方木经常前来照顾花草。方木会陪彩霞说说话，教她认识各种花草，给她讲外面的世界。虽然两个人连手都没有拉过，但他们还是相爱了。

哥哥们这下气坏了！他们觉得方木配不上妹妹，坚持要求他把月亮摘下来给妹妹才允许他们结婚。方木在花园里亲手挖了一小片池塘，夜晚月亮升起，月亮的倒影落在池塘的水面上，彩霞摸着水里的月亮，开心地笑了。

哥哥们已经很久都没见过妹妹的笑容了。他们知道妹妹已经长大，不应该再把她关起来了。他们答应了方木的求婚，为妹妹和方木举行了盛大的婚礼。从此，彩霞和方木幸福地生活在了一起。

练习题

第一部分：辨认信息、想法及细节，并做总结。

一、根据短文第一段和第二段回答问题。

1. 月亮国的国王夫妇一共有几个孩子？

2. "彩霞"这个名字有什么寓意？

3. 彩霞妹妹的生活状况是怎么样的？

4. 哪个词语的意思是"考虑结婚"？

5. 什么人可以娶彩霞妹妹？

二、根据短文第三段判断下面叙述的对错，并以短文内容说明理由。

	对	错

1. 彩霞妹妹因为没有朋友而感到不开心。　□　□

理由：＿＿＿＿＿＿＿＿＿＿＿＿＿＿＿＿＿

2. 王宫花园里有一个花匠，名叫丁方木。　□　□

理由：＿＿＿＿＿＿＿＿＿＿＿＿＿＿＿＿＿

3. 彩霞妹妹从花匠那里学会了认识各种花草。　□　□

理由：＿＿＿＿＿＿＿＿＿＿＿＿＿＿＿＿＿

4. 没有花匠，彩霞妹妹就不会知道外面的世界是怎样的。　□　□

理由：＿＿＿＿＿＿＿＿＿＿＿＿＿＿＿＿＿

5. 彩霞妹妹爱上了王宫的花匠。　□　□

理由：＿＿＿＿＿＿＿＿＿＿＿＿＿＿＿＿＿

三、根据短文第四段和第五段选出最适合左边句子的结尾，把答案写在方框里。

1. 哥哥们觉得花匠　□　　A. 配不上妹妹。

2. 哥哥们要求他把　□　　B. 气坏了。

　　　　　　　　　　　　C. 月亮摘下来给妹妹。

3. 哥哥们很久都没见过　□　　D. 妹妹的笑容了。

4. 哥哥们知道不应该再把她　　☐　　E. 方木的求婚。

　　　　　　　　　　　　　　　　F. 关起来了。

5. 哥哥们为妹妹和花匠举行了　☐　　G. 允许他们结婚。

　　　　　　　　　　　　　　　　H. 盛大的婚礼。

第二部分：诠释基本的惯用手法

根据短文回答下面的问题。

1. 作者写这篇文章的目的是什么？

2. 请简要描述一下文中插图的内容。

第三部分：识别思想观点、看法和态度，并针对材料做出个人回应

通过阅读短文并结合你自身的经历回答下面的问题。

1. 你有妹妹吗？你和妹妹的关系怎么样？请举例说明。如果你没有妹妹，你希望有一个妹妹吗？为什么？

2. 姐姐和妹妹比起来，你更希望有哪一个？为什么？

文化小贴士

"妹"指的是对同辈中比自己年纪小的女性的称呼。在汉语口语中常常重叠成词，用"妹妹"作为称呼，相似的还有"姐姐""哥哥""弟弟"等。当然，并不一定非要有亲缘关系才能称呼妹妹，日常生活中比自己年纪小的女性都可以称作是妹妹。但需要注意的是，一般双方关系比较亲近的时候才会以兄妹、姐妹相称。对于刚认识不久的陌生人，尤其是男性对女性，直接使用这个称呼是非常不礼貌的。

跨学科百宝箱

关于"妹"的小知识

除了同父同母的姐妹，还有以下关系能够称为"姐妹"：

❀ 父亲的哥哥、弟弟生的女孩子是堂姐妹；父亲的姐姐、妹妹生的女孩子是姑表姐妹。

❀ 母亲的哥哥、弟弟所生的女孩子是舅表姐妹；母亲的姐姐、妹妹所生的女孩子是姨表姐妹。

❀ 广义的姐妹可以用于关系亲密的女性朋友之间。

第八课　爷

阅读文本

在大森林里，槐树爷爷每年都会开设汉字学校，招收森林里对汉字感兴趣的小动物们来学汉字。大家一直都很好奇，槐树爷爷为什么懂得汉字呢？有一天上课时，熊猫圆圆抑制不住好奇心，问了槐树爷爷。

那已经是很久以前的事了，槐树爷爷说。当时槐树爷爷还是一株小树苗，住在天神的森林里。他有一个青梅竹马的恋人，圆圆也可以叫她槐树奶奶。他们并肩生长在森林中，每天都很幸福。

等到成年的时候,天神决定把树苗分别栽种在世界不同的地方,希望他们长成森林。槐树爷爷和槐树奶奶虽然舍不得,但也不得不分开了。他们约定好,不管走到世界的什么地方,都不能彼此断了联系。于是,两个人决定学习汉字,用信件来传达彼此的心意。

就这样,槐树爷爷再也没有见过槐树奶奶,但是他们每年都会通信。信件写在叶子上,由信鸽传送,寄托着两个人深深的爱情。在森林形成后,槐树爷爷决定把汉字教给更多的小动物,这样万一以后大家分开了,信件一样能联系思念的心。

小动物们都很感动,更加坚定了学好汉字的决心。尤其是圆圆,他更加相信,总有一天,千里之外的妈妈也能像槐树奶奶一样,收到自己满载着爱的来信。

练习题

第一部分：辨认信息、想法及细节，并做总结

一、根据短文第一段回答问题。

1. 槐树爷爷的学校教什么？

2. 槐树爷爷的学校招收什么样的学生？

二、根据短文第二段和第三段用适当的词语填空。

1. 张强和他太太王丽从小就认识，是 _____。

2. 在运动会上，小刚和小健 _____ 跑过终点。

3. 那里的风景太漂亮了。太阳落山了，但我还是 _____ 离开。

三、根据短文第二段和第四段判断下面叙述的对错，并以短文内容说明理由。

	对	错

1. 认识槐树奶奶的时候，槐树爷爷还很小。　☐　☐

理由：_____

2. 槐树爷爷和槐树奶奶长大以后就被迫分开了。　☐　☐

理由：_____

3. 槐树爷爷和槐树奶奶分开以后，彼此就断了联系。　☐　☐

理由：_____

4. 槐树爷爷和槐树奶奶都会写汉字。　☐　☐

理由：_____

5. 信鸽帮槐树爷爷和槐树奶奶传送信件。　☐　☐

理由：_____

第二部分：诠释基本的惯用手法

根据短文回答下面的问题。

1. 这是一个有关 _____ 的故事。　☐

A. 爱情　　　　　　B. 学汉语

C. 敬老　　　　　　D. 信鸽

2. 作者写这篇文章的目的是什么？

3. 请描述一下文中第一幅插图的内容。

第三部分：识别思想观点、看法和态度，并针对材料做出个人回应

通过阅读短文并结合你自身的经历回答下面的问题。

1. 请叙述一件关于你爷爷的趣事。

2. 比较爸爸和爷爷，你觉得哪一个对你的学习要求更严格？为什么？

文化小贴士

"爷"的繁体字写作"爺",分为上下两部分。上面的"父"指父亲,下面的"耶"是这个字的读音。

跨学科百宝箱

关于"爷"的小知识

"爷"字有很多不同的意思:

❀ 最常用来指父亲的父亲。

❀ 古时候有时也直接用"爷"指父亲。

❀ 还可以用来作为对长辈或年长男子的敬称,旧时对官僚、财主等的称呼,以及对神佛的称呼等。

第九课　奶

阅读文本

在世界某一处的森林里，槐树奶奶已经枯萎了十年了。

十年以前，森林里下了一场大暴雨。为了保护大家，槐树奶奶尽力把自己的枝叶撑得高高的，结果被雷电劈中，大部分的树干也因此被烧焦。槐树奶奶从此变得非常虚弱，不久便去世了。森林里的小动物们很伤心，尤其是最受奶奶疼爱的小鹿晨曦。槐树奶奶临死的时候交给晨曦十封信，要她每年给远方的槐树爷爷寄一封，并且嘱咐晨曦，千万不要告诉槐树爷爷她去世的消息。

但十年很快就过去了,槐树奶奶留下的信用光了,槐树爷爷的信却还在接连不断地寄来。晨曦决定亲自去找槐树爷爷,告诉他这个不幸的消息。她跨越千山万水,终于按照信鸽告诉自己的地址来到了槐树爷爷所在的森林。晨曦找到槐树爷爷的时候,他正在给小动物们上汉字课,还在大家的追问下讲了自己和槐树奶奶的故事。

听了这么美丽的爱情故事,小鹿晨曦突然变得不忍心起来,什么也没有对槐树爷爷说就离开了。此后每年夏末,晨曦都会模仿着槐树奶奶的口气给槐树爷爷写信。美丽的槐树奶奶一直活在飞向槐树爷爷的信里,好像从来没有离开过一样。

练习题

第一部分：辨认信息、想法及细节，并做总结

一、根据短文回答问题。

1. 槐树奶奶去世多少年了？

2. 槐树奶奶是怎么去世的？

3. 在森林里的小动物中，谁最受槐树奶奶疼爱？

4. 槐树奶奶临死前做了一件什么事？

5. 槐树奶奶对晨曦说了什么？

二、根据短文第三段和第四段选出最适合左边词语的解释，把答案写在方框里。

1. 千山万水　　☐　　A. 照着现成的样子做

　　　　　　　　　　B. 山水景色

2. 模仿　　　　☐　　C. 形容路途遥远

　　　　　　　　　　D. 忍耐的性格

　　　　　　　　　　E. 仿佛

三、根据短文最后两段选出最适合左边句子的结尾，把答案写在方框里。

1. 晨曦决定亲自去告诉槐树爷爷　　☐　　A. 不忍心起来。

　　　　　　　　　　　　　　　　　　B. 这个不幸的消息。

2. 晨曦突然变得　　☐　　C. 告诉自己的地址。

　　　　　　　　　　　　D. 给槐树爷爷写信。

3. 晨曦模仿槐树奶奶的口气　　☐　　E. 追问自己和槐树奶奶的故事。

　　　　　　　　　　　　　　　　F. 就离开了。

第二部分：诠释基本的惯用手法

根据短文回答下面的问题。

1. 这是一篇哪种类型的记叙文？ ☐

   A. 正叙　　　　　　B. 倒叙

   C. 插叙　　　　　　D. 以上都不对

2. 作者写这篇文章的目的是什么？

3. 请简单描述一下文中两幅插图的内容。

第三部分：识别思想观点、看法和态度，并针对材料做出个人回应

通过阅读短文并结合你自身的经历回答下面的问题。

1. 你觉得这个故事的感人之处在哪里？为什么？

2. 比较妈妈和奶奶，你觉得哪一个"更容易沟通"？为什么？

文化小贴士

"奶"这个字分为左右两部分，左边的"女"指成年女性，右边的"乃"代表这个字的读音。

跨学科百宝箱

关于"奶"的小知识

"奶"这个字有很多不同的意思：

❀ "奶奶"指爸爸的妈妈，也可以用来指年纪很大的女人。

❀ "奶"也指乳汁，或者哺乳的器官。

❀ "奶"也可以直接作为动词使用，指用乳房给孩子喂奶。

第十课　家

阅读文本

很久以前，有一个叫张生的年轻书生非常喜欢画画儿。他在山中作画时，偶然搭救了一只受伤的小蛇。这只小蛇是修炼多年的精灵，为了报答张生的恩惠，他给张生的画儿施了法术：张生在画纸上画什么，现实生活中就会得到什么。张生谢过小蛇，十分开心地接受了这份礼物。

张生从小生活在贫穷的家庭中，最大的理想就是有个幸福富裕的家。他在画纸上画了两栋房子，分别给父母和自己。他又画了很多金银让自己和家人享用。另外，他还画了天下最美貌的女人和两个最可爱的儿童做自己的妻子和孩子。他还画了很多仆人，每天照顾自己和家人的饮食起居，让自己和家人的日子过得舒服惬意。

但这个画出来的家并没能带给张生幸福。他的父母因为吃了太多山珍海味早早地就病死了。妻子平日里铺张浪费，两个孩子不学无术，家里根本没人关心张生。到了张生年老的时候，两个儿子还密谋要害死他，以便尽早侵吞家产。

张生非常伤心。他终于明白，画出来的家并不是真的家，无休止的财富也不能创造真正的幸福。他取出那幅画儿，一把火烧了。

结果，所有的一切都消失了。张生变回了年轻时的那个书生，站在当年作画时的山林里。张生决心靠自己的双手建立属于自己真正的家。

练习题

第一部分：辨认信息、想法及细节，并做总结

一、请用短文第一段里的词语填空。

1. 我昨天在上学路上，_____ 遇见了我以前的邻居阿姨。

2. 他今天上体育课时，不小心摔倒 _____ 了。

3. 有人说，人的一生就是自我 _____ 的过程。

4. 父母给予了我无微不至的关心，等我长大后，我一定要 _____ 他们。

二、根据短文第二段回答下面的问题。

1. 张生的家庭环境是怎样的？

2. 张生有一个什么样的愿望？

3. 张生在画纸上画了什么？请举出五个例子。

三、根据短文第三段判断下面叙述的对错，并以短文内容说明理由。

	对	错
1. 这个画出来的家让张生一家过得非常愉快。	☐	☐

理由：_____

2. 张生的父母因为暴饮暴食，生病死了。　☐　☐

理由：_____

3. 张生的孩子不喜欢学习。　☐　☐

理由：_____

四、根据短文最后两段选出最适合左边词语的解释，把答案写在方框里。

1. 无休止　☐　　A. 没有休息

2. 财富　☐　　B. 读书人

　　　　　　　C. 不见了

3. 消失　☐　　D. 有价值的东西

4. 书生　☐　　E. 没完没了，没有停止

　　　　　　　F. 丢失，失去

5. 属于　　　☐　　G. 财物

　　　　　　　　　H. 归于某一方或某人所有

第二部分：诠释基本的惯用手法

根据短文回答下面的问题。

1. 作者写这篇文章的目的是什么？

2. 请简单描述一下文中插图的内容。

第三部分：识别思想观点、看法和态度，并针对材料做出个人回应

通过阅读短文并结合你自身的经历回答下面的问题。

1. 你觉得家对你来说意味着什么？

2. 比较家和学校,你从哪一个地方可以学到更多的东西?为什么?

文化小贴士

"家"字由上下两部分组成。上面是"宀"(mián),表示与房屋有关,下面的"豕"指猪。后来就用这个字引申来表示"家庭所在的地方"。

跨学科百宝箱

关于"家"的小知识

"家"字有很多不同的意思:

❀最常用来指共同生活的亲眷和所居住的地方。

❀可以用来指经营某种行业的人家或有某种身份的人家，如酒家、船家等。

❀掌握某种专门学识或有丰富实践经验及从事某种专门活动的人，如专家、作家、科学家等。

参考答案

第一课 人

第一部分

一、

1. 世界上独一无二，她的花瓣由红、橙、黄、绿、青、蓝、紫七种颜色组成，常年花开不败。

2. 给玫瑰浇水施肥，跟玫瑰说心事。

二、

1. 对。理由：七色玫瑰在花园里消失了，取而代之的是花园里的一位美丽的园丁少女。

2. 对。理由：少女陪伴着王子，帮助他照顾花园。

三、

1. C　2. F　3. D

四、

1. 不再是七彩的，开久了就会枯萎。

2. 王子还是和以前一样喜欢玫瑰，因为"他仍然像以前一样照顾和陪伴着她。"

3. 永恒爱情。

第二部分

1. D　2. C　3.（答案略）

第三部分

（答案略）

第二课 我

第一部分

一、

1. 对。理由：要求别人跟从"我"的想法，结果就出现了很多争吵。

2. 对。理由：为了让人们彼此和睦，和气之神发明了一种咒语。

3. 错。理由：凡是中了这种咒语的人说出口的话在别人耳朵里都会变成"我爱你"三个字。

二、

1. E　2. D　3. A　4. B

三、

1. B　2. D　3. F

第二部分

1. D　2.（答案略）　3.（答案略）

第三部分

（答案略）

第三课 爸

第一部分

一、

1. 靠近东海　2. 捕鱼　3. 一天的收

获   4. 非常快乐

二、

1. 错。理由：她从小就没有妈妈，跟爸爸相依为命

2. 对。理由：每天早上送爸爸出门

3. 对。理由：在港口的沙滩上蹲坐一整天，等到爸爸的渔船返回才肯回家。

二、

1. 风和日丽   2. 掀翻   3. 悲伤

4. 不论   5. 仔细

三、

1. E   2. A   3. C

第二部分

（答案略）

第三部分

（答案略）

第四课　妈

第一部分

一、

1. 知道过去的一切事情，能猜出现在正在发生的事情，能够预测未来发生的事情

2. 龙龙觉得妈妈比课本和老师更加神奇。

二、

1. 对。理由：自己知道的事情都来源于观察和思考

2. 对。理由：龙龙经常把东西掉在沙发缝里

3. 错。理由：至于知道第二天的天气嘛，因为妈妈每天都会看天气预报啊。

三、

1. E   2. G   3. A   4. C   5. F

第二部分

（答案略）

第三部分

（答案略）

第五课　子

第一部分

一、

1.（大）森林   2. 守护   3. 精神

4. 捕猎   5. 严厉

二、

1. 很老了

2. 特别想再见自己的儿子一面

3. 因为婆婆有个儿子是五彩鸟

4. 喜欢在各地游历

5. 不经常见面，因为"他离开乌衣婆婆已经有好多年了"。

6. 他们要去告诉婆婆的儿子婆婆病重的消息

7. 峭壁，草原，大川

8. 没找到。（他们都没有发现五彩鸟。）

67

9. 见到了。
10. 不一样。他不再四处游历，而是代替死去的乌衣婆婆，永远守护着大森林。

　　第二部分

（答案略）

　　第三部分

（答案略）

第六课　兄

　　第一部分

一、
1. 强壮有力　2. 盔甲　3. 足智多谋　4. 所向披靡　5. 久而久之

二、
1. 对。理由：他决定在十兄弟中选出最优秀的一个，作为下一位国王。
2. 错。理由：十兄弟对待彼此的态度就和以前不同了
3. 对。理由：自己才是十兄弟中最优秀的那个人
4. 对。理由：他们变得经常争吵
5. 对。理由："太阳十兄弟"已经变成"吵架十兄弟"啦

三、
D　F　H

　　第二部分

（答案略）

　　第三部分

（答案略）

第七课　妹

　　第一部分

一、
1. 七个
2. 像天边的彩霞一样美丽
3. 住在高高的阁楼上，不许外人与彩霞接触
4. 谈婚论嫁
5. 要求前来求婚的王子把月亮摘给他们的妹妹，才能跟妹妹结婚

二、
1. 对。理由：彩霞既孤单又伤心
2. 错。理由：年轻的园丁方木
3. 对。理由：教她认识各种花草
4. 对。理由：给她讲外面的世界
5. 对。理由：他们还是相爱了

三、
1. A　2. C　3. D　4. F　5. H

　　第二部分

（答案略）

　　第三部分

（答案略）

第八课　爷

　　第一部分

一、
1. 汉字

2. 招收森林里对汉字感兴趣的小动物们来学汉字

二、

1. 青梅竹马　2. 并肩　3. 舍不得

三、

1. 对。理由：他有一个青梅竹马的恋人

2. 对。理由：等到成年的时候……不得不分开了

3. 错。理由：都不能彼此断了联系

4. 对。理由：两个人决定学习汉字

5. 对。理由：由信鸽传送

第二部分

1. A　2.（答案略）3.（答案略）

第三部分

（答案略）

第九课　奶

第一部分

一、

1. 十年
2. 被雷电劈中
3. 小鹿晨曦
4. 交给晨曦十封信
5. 千万不要告诉槐树爷爷她去世的消息

二、

1. C　2. A

三、

1. B　2. A　3. D

第二部分

1. B　2.（答案略）3.（答案略）

第三部分

（答案略）

第十课　家

第一部分

一、

1. 偶然　2. 受伤　3. 修炼　4. 报答

二、

1. 贫穷
2. 有个幸福富裕的家
3. 两栋房子，很多金银，最美貌的女人，两个最可爱的儿童，很多仆人

三、

1. 错。理由：这个画出来的家并没能带给张生幸福

2. 对。理由：他的父母因为吃了太多山珍海味，早早地就病死了。

3. 对。理由：两个孩子不学无术

四、

1. E　2. D　3. C　4. B　5. H

第二部分

（答案略）

第三部分

（答案略）

附：

汉字游戏

人与家庭 燃料堆1

我们已经学习了人、我、子、家这四个汉字。下面图中的汉字笔画可以经过不同的排列组合进行"汉字反应",进而发生"汉字大爆炸",生成这四个汉字。试一试,看看如何生成这些字。

下面是与人、子、家、我这四个汉字相关的一组通关游戏,它们分别从音、形、义等方面考查学习者对汉字的掌握水平。注意:每组游戏提供的游戏卡片图均为示例,游戏组织者需要根据参与游戏人数的多少来增减实际使用的卡片。

关卡一　汉字信号灯

准备红、黄、绿三种颜色的信号灯卡片，红色卡片上是拼音，黄色卡片上是汉字，绿色卡片上是汉字字义的英文表达（如图1.1）。游戏参与者可以分组比赛，三人一组（如果人数不够可以每人独自为一组）。假设一组有甲、乙、丙三个人。游戏参与者听组织者口令，如：组织者显示红灯卡片，同时电脑屏幕上会显示出一个汉字字义的英文表达，甲要在看到卡片之后选择正确的拼音贴在红灯上；接下来，乙继续听游戏组织者口令，游戏组织者显示的是黄灯，同时电脑屏幕上会闪现出一个汉字的拼音，乙需要根据看到的拼音选择正确的汉字贴在黄灯上；最后，丙听游戏组织者口令，游戏组织者显示的是绿灯，同时电脑屏幕上会闪现出一个汉字，丙需要根据看到的汉字选择正确的代表汉字字义的英文表达贴在绿灯上。游戏在规定时间内可以做几次，每一次组员轮流替换角色，看哪一组能够正确完成。

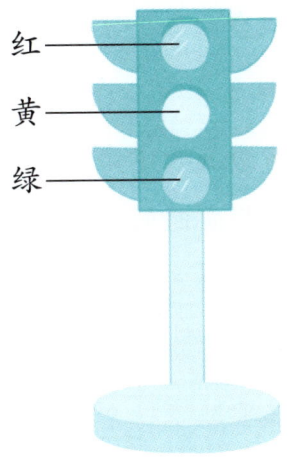

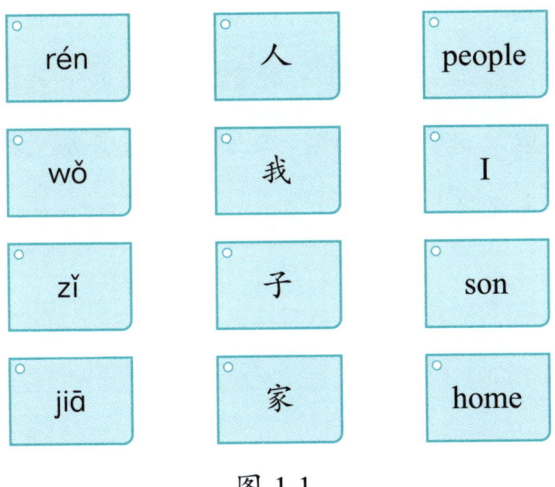

图 1.1

关卡二　汉字五子棋

准备一个大大的棋盘，每个黑棋子上有一个表示汉字字意的英文词，每个白棋子上有一个汉字的拼音（如图 1.2）。每走一步之前，组织者会在一旁出示一个汉字，游戏参与者如果是执黑子，需要在规定时间内找到表示该汉字英文词的黑子放到棋盘上。同样，游戏参与者如果是执白子，需要在规定时间内找到标有该汉字拼音的白子放到棋盘上。正确的话获得一分，错误的话要取下一个棋子，并扣去一分，看哪一方在规定的时间内积分多。

如游戏参与者人数较多，可以分组比赛，如三人一组听组织者口令，然后每一组每一轮选一位组员（每轮抽取人员不能重复）依次进行。同时，双方每一轮需要交换位置，即黑白棋子双方交换位置。

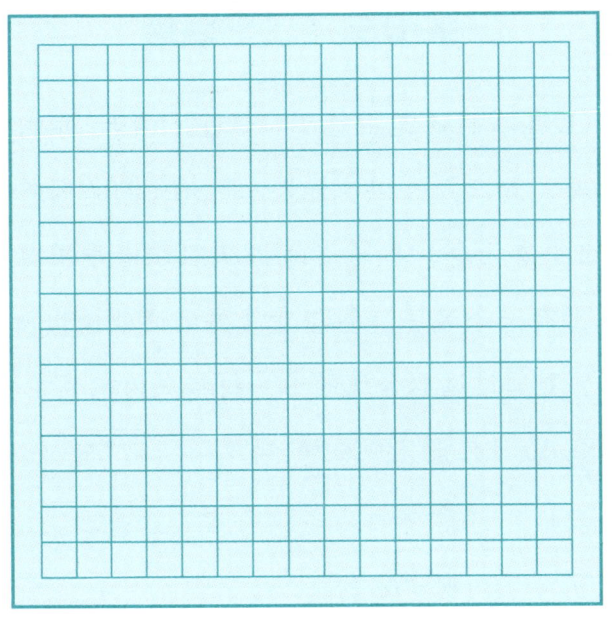

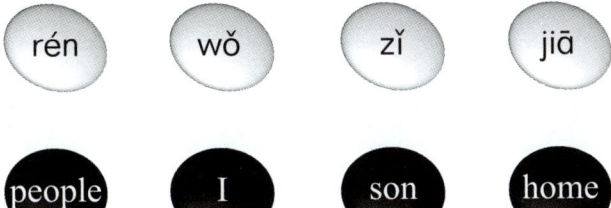

图 1.2

关卡三　汉字破译

　　桌子上有不同的笔画卡片（如图1.3），游戏参与者可以分组比赛，如三人一组（如果人数不够可以每人独自为一组），听组织者指令，参与者随机从组织者手里抽取一张卡片，卡片上有一个汉字，参与者需要迅速破译出该汉字的笔画和顺序，并通过选取合适的卡片拼接成为本节学过的汉字，看哪一组在30秒内能完成破译。

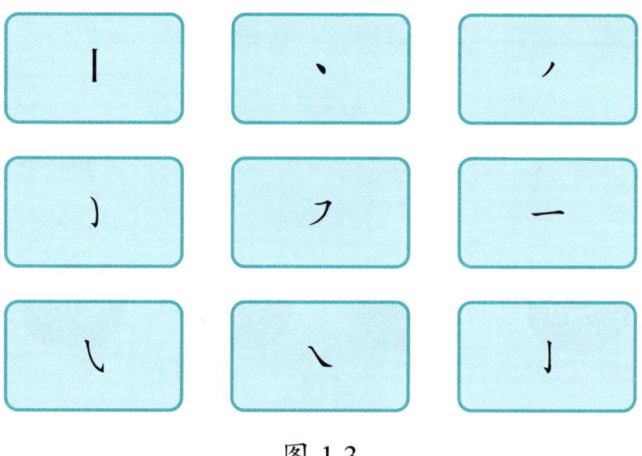

图1.3

关卡四　采蘑菇

准备不同的蘑菇图片排放在一起,每张蘑菇图片上都有一个汉字,蘑菇上的汉字各不相同,但有的会很相似(如图1.4)。游戏参与者可以分组比赛,如三人一组(如果人数不够可以每人独自为一组),比赛开始,组织者每次说一个字,参与者要迅速拿起该字的蘑菇图片,并迅速把该字写到米字格里(如图1.5),看哪一组在规定时间内能准确找到该轮学过的汉字。

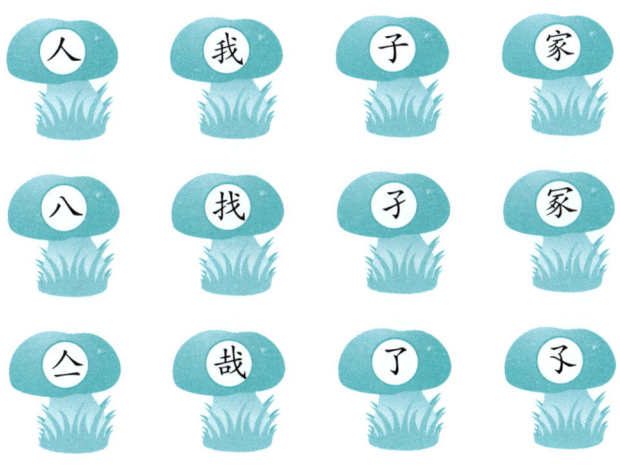

图 1.4

快速书写:

组一:

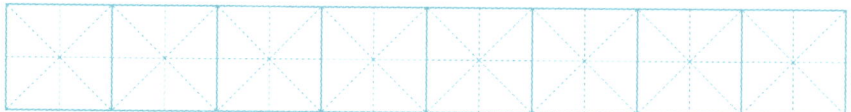

组二:

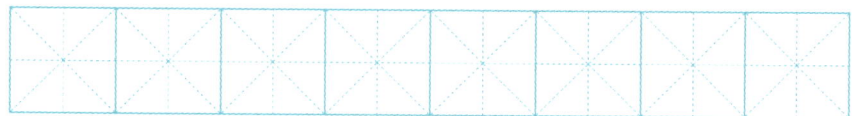

组三:

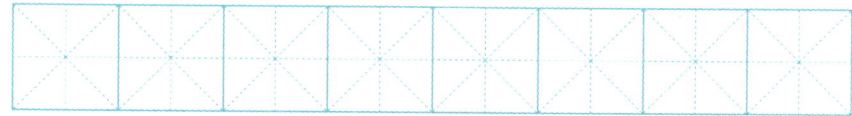

图 1.5

关卡五　同桌玩家

该游戏的参与者可分组进行比赛，如三人一组（如果人数不够可以每人独自为一组），每一位参与者手里都会有一些随机的汉字卡（如图1.6），大家随机选择桌位玩牌，可以换桌移动，如果参与者能从对方的手里找到匹配的汉字组成词，则可以和对方成为同桌玩家，然后把配对好的词放在桌子上，继续配对，最后看谁的配对最多并且正确。

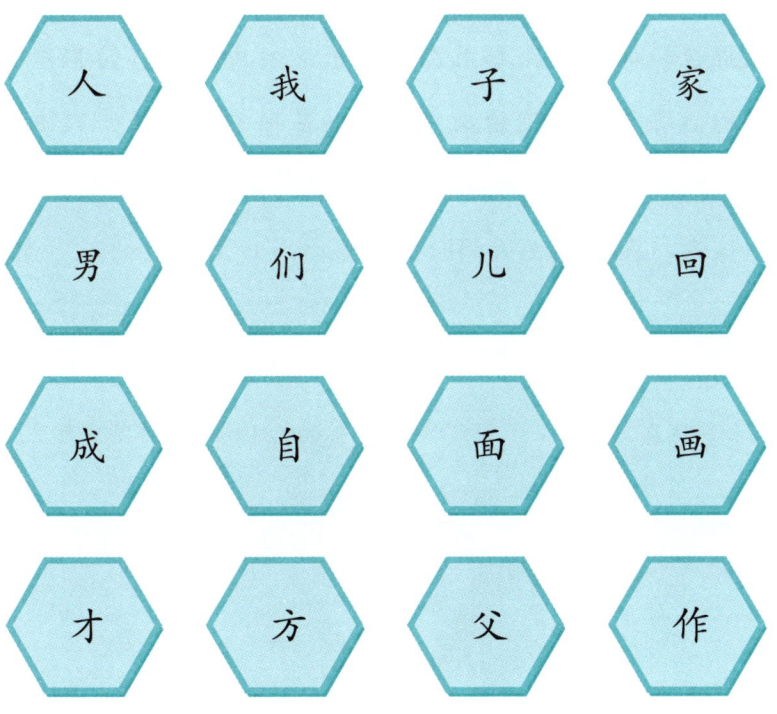

图 1.6

关卡六　缺一不可

该游戏的参与者可分组进行比赛，如三人一组（如果人数不够可以每人独自为一组），分别标为甲、乙、丙，老师会准备一定量的写有句子的纸条（如图1.7），每个句子会缺一个字，参与者需要从教室各处寻找到正确的汉字来填上缺口。每一组组员需要进行如下分工：甲大声朗读句子，缺失的地方可以停顿一下，然后甲根据自己的理解提示乙缺失的字是什么（注意不能直接说出这个字，只能给出解释）；乙说出括号里应填的汉字，如果乙说对了，游戏继续；丙需要听到乙说的后寻找到正确的汉字并填贴在缺口处。每一次轮流替换角色，看哪一组在老师的规定时间内完成得最对最快。

注意：在准备汉语词时，词要由游戏里提供的汉字组成。

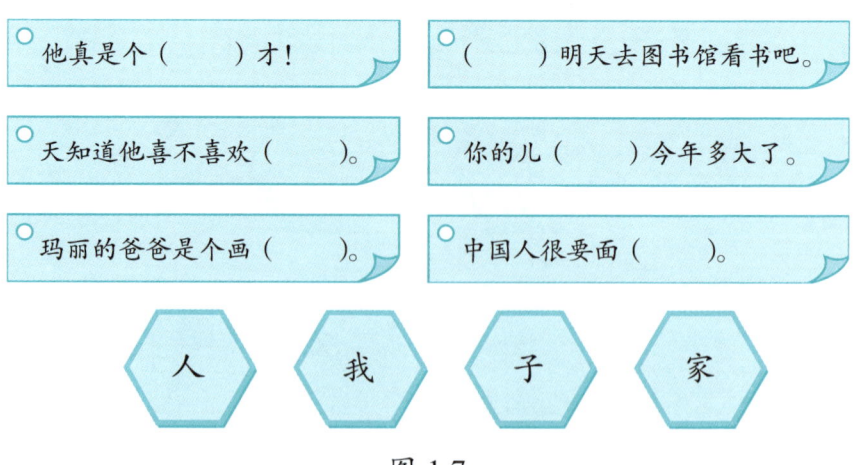

图1.7

提示：

每一关的游戏如果参与组数较多，可以多准备几组卡片，以备不时之需。

通过六个关卡最后胜出的小组可以获得通关文牒（如图1.8）。

图 1.8

人与家庭 燃料堆 2

我们已经学习了爸、妈、爷、奶、兄、妹这六个汉字。下面图中的汉字笔画可以经过不同的排列组合进行"汉字反应",进而发生"汉字大爆炸",生成这六个汉字。试一试,看看如何生成这些字。

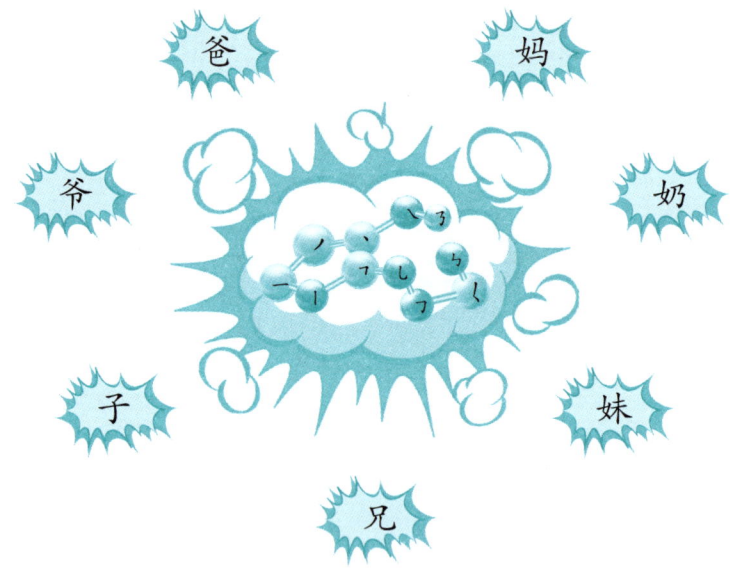

下面是与爸、妈、爷、奶、兄、妹这六个汉字相关的一组通关游戏,它们分别从音、形、义等方面考查学习者对汉字的掌握水平。注意:每组游戏提供的游戏卡片图均为示例,组织者需要根据参与游戏人数的多少来增减实际使用的卡片。

关卡一　汉字信号灯

准备红、黄、绿三种颜色的信号灯卡片，红色卡片上是拼音，黄色卡片上是汉字，绿色卡片上是汉字字义的英文表达（如图 2.1）。游戏参与者可以分组比赛，三人一组（如果人数不够可以每人独自为一组）。一组假设有甲、乙、丙三个人。游戏参与者听组织者口令，如：组织者显示红灯卡片，同时电脑屏幕上会显示出一个汉字字义的英文表达，甲要在看到卡片之后选择正确的拼音贴在红灯上；接下来，乙继续听游戏组织者口令，游戏组织者显示的是黄灯，同时电脑屏幕上会闪现出一个汉字的拼音，乙需要根据看到的拼音选择正确的汉字贴在黄灯上；最后，丙听游戏组织者口令，游戏组织者显示的是绿灯，同时电脑屏幕上会闪现出一个汉字，丙需要根据看到的汉字选择正确的代表汉字字义的英文表达贴在绿灯上。游戏在规定时间内可以做几次，每一次组员轮流替换角色，看哪一组能够正确完成。

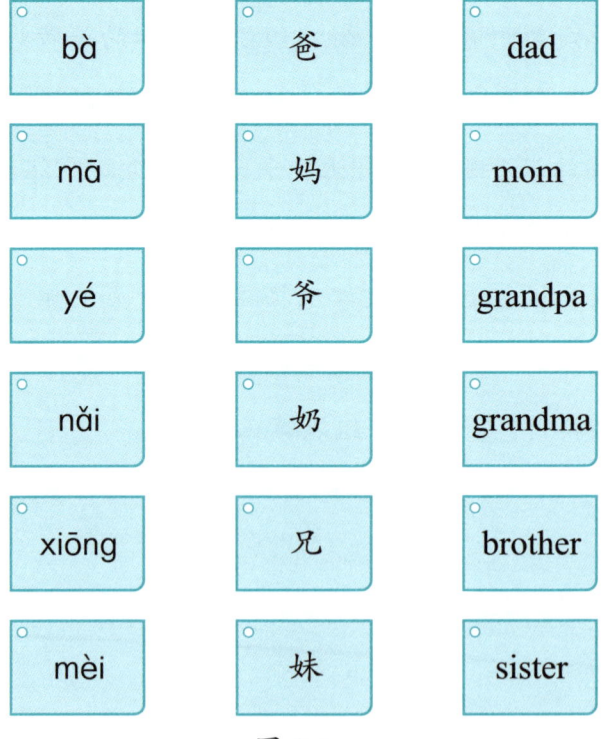

图 2.1

关卡二　汉字五子棋

准备一个大大的棋盘，每个黑棋子上有一个表示汉字字意的英文词，每个白棋子上有一个汉字的拼音（如图 2.2）。每走一步之前，组织者会在一旁出示一个汉字，游戏参与者如果是执黑子，需要在规定时间内找到表示该汉字英文词的黑子放到棋盘上。同样，游戏参与者如果是执白子，需要在规定时间内找到标有该汉字拼音的白子放到棋盘上。正确的话获得一分，错误的话要取下一个棋子，并扣去一分，看哪一方在规定的时间内积分多。

如游戏参与者人数较多，可以分组比赛，如三人一组听组织者口令，然后每一组每一轮选一位组员（每轮抽取人员不能重复）依次进行。同时，双方每一轮需要交换位置，即黑白棋子双方交换位置。

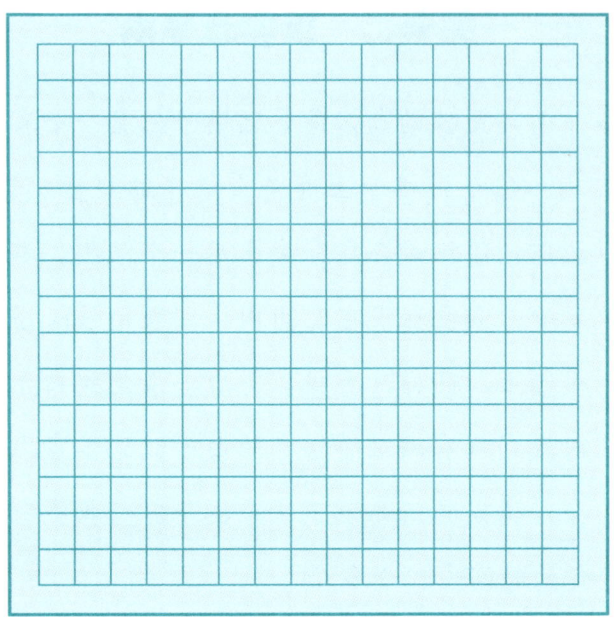

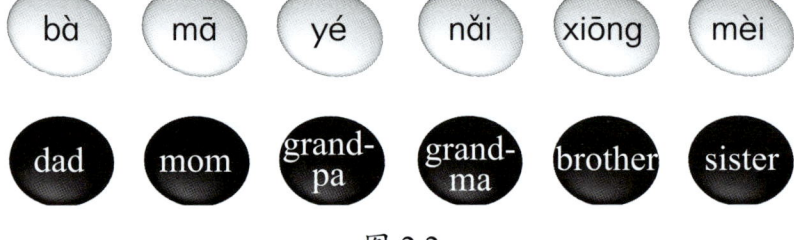

图 2.2

关卡三　汉字破译

桌子上有不同的笔画或部件卡片（如图 2.3），游戏参与者可以分组比赛，如三人一组（如果人数不够可以每人独自为一组），听组织者指令，参与者随机从组织者手里抽取一张卡片，卡片上有一个汉字，参与者需要迅速破译出该汉字的笔画和顺序，并通过选取合适的卡片拼接成为本节学过的汉字，看哪一组在 30 秒内能完成破译。

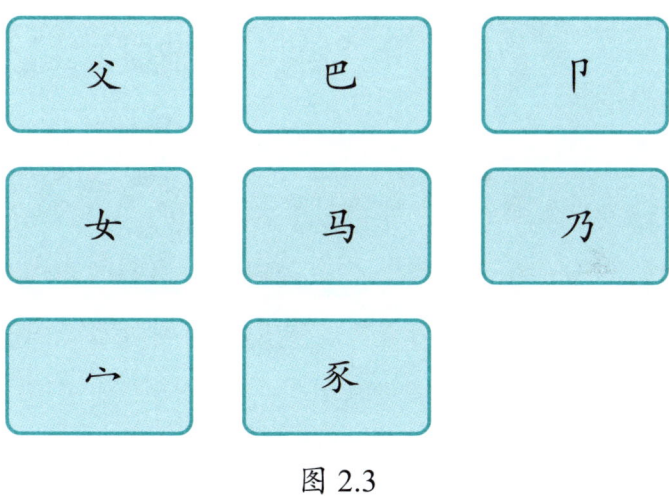

图 2.3

关卡四　采蘑菇

准备不同的蘑菇图片排放在一起,每张蘑菇图片上都有一个汉字,蘑菇上的汉字各不相同,但有的会很相似(如图2.4)。游戏参与者可以分组比赛,如三人一组(如果人数不够可以每人独自为一组),比赛开始,组织者每次说一个字,参与者要迅速拿起该字的蘑菇图片,并迅速把该字写到米字格里(如图2.5),看哪一组在规定时间内能准确找到该轮学过的汉字。

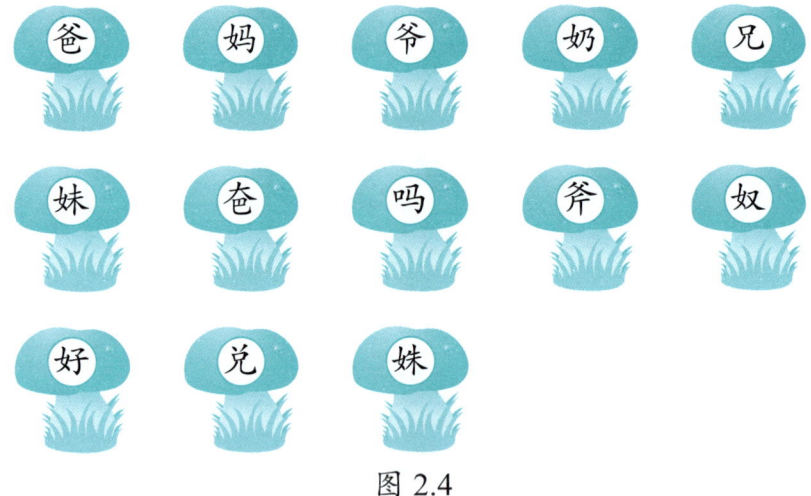

图2.4

快速书写：

组一：

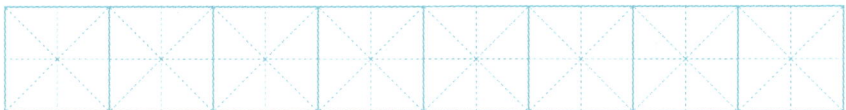

组二：

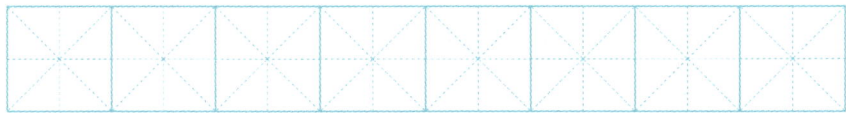

组三：

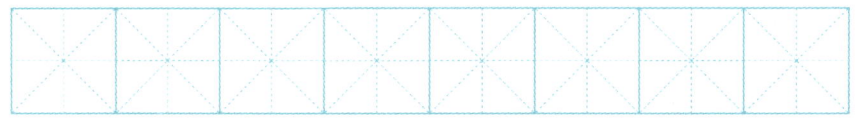

图 2.5

关卡五　同桌玩家

该游戏的参与者可分组进行比赛，如三人一组（如果人数不够可以每人独自为一组），每一位参与者手里都会有一些随机的汉字卡（如图2.6），大家随机选择桌位玩牌，可以换桌移动，如果参与者能从对方的手里找到匹配的汉字组成词，则可以和对方成为同桌玩家，然后把配对好的词放在桌子上，继续配对，最后看谁的配对最多并且正确。

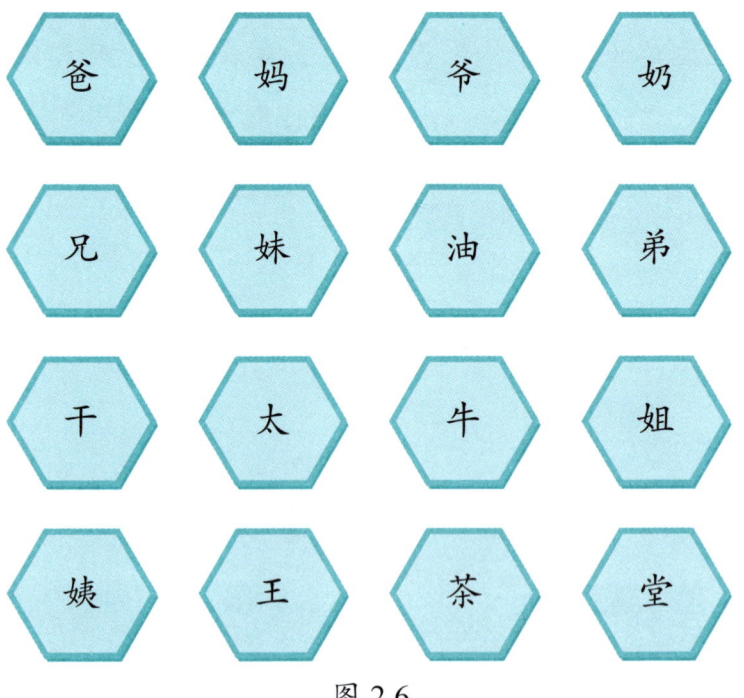

图 2.6

关卡六　缺一不可

该游戏的参与者可分组进行比赛，如三人一组（如果人数不够可以每人独自为一组），分别标为甲、乙、丙，老师会准备一定量的写有句子的纸条（如图2.7），每个句子会缺一个字，参与者需要从教室各处寻找到正确的汉字来填上缺口。每一组组员需要进行如下分工：甲大声朗读句子，缺失的地方可以停顿一下，然后甲根据自己的理解提示乙缺失的字是什么（注意不能直接说出这个字，只能给出解释）；乙说出括号里应填的汉字，如果乙说对了，游戏继续；丙需要听到乙说的后寻找到正确的汉字并填贴在缺口处。每一次轮流替换角色，看哪一组在老师的规定时间内完成得最对最快。

注意：在准备汉语词时，词要由游戏里提供的汉字组成。

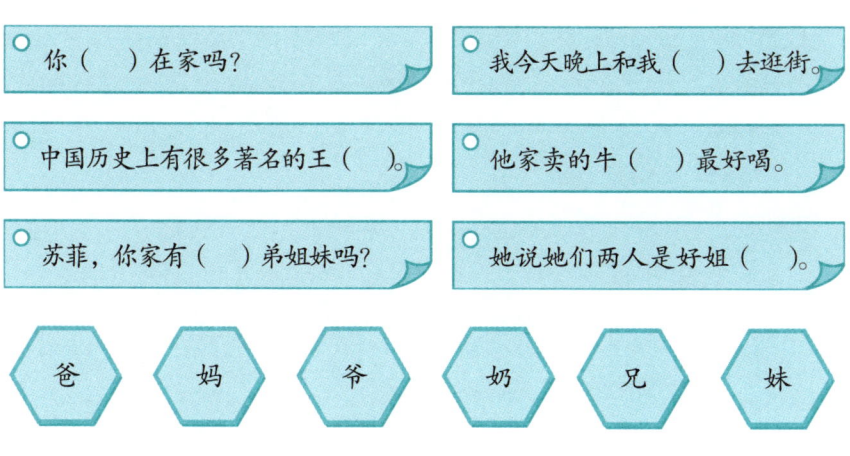

图 2.7

提示：

每一关的游戏如果参与组数较多，可以多准备几组卡片，以备不时之需。

通过六个关卡最后胜出的小组可以获得通关文牒（如图2.8）。

图 2.8

作者简介

冯薇薇（Vivienne Fung），英国语言文学学士、教育学专业学士及普通话教育专业硕士，拥有20年国际学校中文教学的经验。曾任香港英基协会中文教师、东莞东华文泽学校中文部主任，现为IBDP中文考官、IBDP中文教师培训官，IB申报资料审阅员。

叶颖颖，女，华东师范大学教师，讲师。多年来在中国、美国、英国和比利时从事汉语及中国文化教学工作。2018年参加第二届全国"汉教英雄会"并获得明星导师荣誉，所指导学生在汉语比赛中多次获奖。

封文慧，北京师范大学现当代文学硕士，研究方向为文学创作与批评。现为广州文学艺术创作研究院专业作家。曾在《中国作家》《青年文学》《中国少年报·快乐百科》等刊物上发表多部作品。

出版策划：王君校　韩　晖
统筹协调：付　眉　韩　颖　彭　博
策划编辑：韩　颖　刘小琳
责任编辑：杨　晗
封面设计：北京几何创想艺术设计有限公司
印刷监制：汪　洋

图书在版编目（CIP）数据

IB MYP 中文语言习得阅读训练．人与家庭 / 冯薇薇，叶颖颖，封文慧编著． -- 北京：华语教学出版社，2020.11
ISBN 978-7-5138-2019-6

Ⅰ．①I… Ⅱ．①冯… ②叶… ③封… Ⅲ．①汉语－阅读教学－对外汉语教学－教学参考资料 Ⅳ．① H195.4

中国版本图书馆 CIP 数据核字（2020）第 195512 号

IB MYP 中文语言习得阅读训练：人与家庭

冯薇薇　叶颖颖　封文慧　编著

*

ⓒ 华语教学出版社有限责任公司
华语教学出版社有限责任公司出版
（中国北京百万庄大街 24 号　邮政编码 100037）
电话: (86)10-68320585, 68997826
传真: (86)10-68997826, 68326333
网址：www.sinolingua.com.cn
电子信箱：hyjx@sinolingua.com.cn
北京玺诚印务有限公司印刷
2021 年（16 开）第 1 版
2021 年第 1 版第 1 次印刷
ISBN 978-7-5138-2019-6
003900